ISBN : 978-1-4466-1027-5
Impreso en España.

En sí un poema, en sí una palabra.
Un verso Cancionado. Una guerra Ganada.

A LOS PAISAJES DEL OTOÑO

Es la belleza de un gris
que el cielo quiere plasmar,
la que en mi divisada calma
despierta el revoloteo
de mi paz.

Son las montañas
de un paisaje hermoso y gris,
las que armonizan
los leves vientos,
de mi dulce despertar.

Es la fina lluvia
de un revoltoso cantar,
la que pinta de canciones
a este paisaje de bellos grises
y de vida real.

Son las aves hinchadas
por el frío invernal
las que pasean por las ventanas
de mis fríos ojos,
volando y cantando
del breve viento al compás.

Es el paisaje que veo, que vivo,
que observo sin más.

Es la armonía de un poema
que quisiera describir a este edén,
que es el edén que buscaba
mi ansiosa paz.

A POCO MAS DE UN METRO

Ha sonreído el Sol
en el reflejo de tu cabeza,
viendo su brillo
a poco mas de un metro
de nuestra amada Tierra.

No hay frío entre las cales
que te rodean.
No hay dolor en la cama que te alberga
a poco más de un metro
de nuestra amada Tierra.

Desde tu nacer riendo, soñando, jugando,
amando, aprendiendo, sufriendo, llorando.

Más que yo, más que el mundo sabes,
mas que el anciano conoces,
entiendes, sientes y padeces.

Esos locos bajitos
con menos pelo que tú
a los que te pareces
y te quieres parecer más.
Son tus amigos, tus juegos,
tus proyectos, tu futuro,
tus alabanzas.

Y de este modo envidio tu fuerza,
riéndote de la muerte.

Calvo y riéndote de la vergüenza,
sin pañuelos, sin estelas.

De este modo envidio tu fuerza,
riéndote de la muerte.

Fuerza que en los tuyos nace
desde el mismo tuétano
hasta el aire que sus poros sueltan.

Y de este modo envidio tu fuerza,
por muy fuerte que el cáncer sea.

Admiro tu fortaleza
sacándole poco más de un metro
a esta tu amada Tierra.

A TI COMO MADRE

Has sido la luz
de quien amo tanto.
Eres el lucero que alumbra
al corazón de quien has alumbrado.
Eres su madre, y de ti mi amor
se siente amado.

Sencillo, humilde y fiel
en un corazón que ama
sin un porqué.

Le amo, madre
y juro perder mi sangre
sin más agravio,
si fuera necesario
por ese hijo tuyo
que tienes delante.

Quizás no sea digno
del cariño de tu niño
pero al corazón no se le miente
y ante ti me presento
con alta frente
para que veas con buenos ojos
el amor de mi cariño
que en él vivirá para siempre.

Eres su madre y comprendo
los temores que recorren
las habitaciones de tu cuerpo.
Mas si a él algún día le daño
quiero que cortes mis manos
y con mi nombre las cuelgues
del sitio más alto.

Como madre a ti me entrego
pidiendo la comprensión de mi amado
el mismo al cual has amamantado.

A ti como madre
te vengo pidiendo
que comprendas la libertad
que Dios en estos días nos ha dado,
y esta es, sin más,
la libertad de poder amarnos.

AMOR DE NORTE A SUR

Simplemente eres
La perfección de mis horas muertas.
El mejor castigo que le pueden dar a mi soledad.
De norte a sur un corazón
De tosco amor dolido,
A un corazón que espera
Para hacer de ese dolor
El mejor olvido.
De otras lenguas a otras tierras,
Y un corazón
Dormido en el norte,
En el sur despierta.
Te quiero y una inmensidad llevo esperando.
Y esperar no me importa
Sabiendo que existes.
Que las palpitaciones de tu corazón
En las habitaciones de mi cuerpo
Se regocijan.
Simplemente te quiero.
Porque el amor es eterno,
Y eterno es el cariño que te tengo.

BAILAR, BAILAR Y BAILAR

En esas luces de la bahía
baila el negro del mar
con el reflejo de la dama luna.

La arena mojada abraza mis pies
queriéndolos para sí.

Un bolero en mi cabeza
coge tu cintura,
y el faro de aquel cabo
atenúa las luces de fondo
de la ciudad,
dejando paso a las dos lunas
que veo en tus dos ojos.
Y dos besos en tus mejillas
nos hacen bailar en la orilla del mar.

El escenario perfecto
en una playa
que no tiene lugar,
en una noche
que no debiera acabar.

La marea se nos acerca
en pleno bolero al bailar,
y los latidos de mi corazón

ensordecen a los besos
que las olas le dan
a la orilla de esta ciudad.

Y bailar, bailar y bailar.
Y la luna titiritera del negro mar.
Un escenario perfecto
en un lugar que no tiene tiempo,
y en un tiempo que no tiene lugar.

CABEZAMESADA

Si hay un lugar
en el que recordar la infancia
que los niños más soñadores
desearon alcanzar,
ese es
el lugar de mi infancia.

Si hay una cueva
donde viajar en el tiempo
fuera solo cuestión
de entrar en ella,
esa es la cueva
en la que tantas veces viajaron
mis tempranos ojos.

Si hay un patrón,
San Antonio de Padua.
Si hay una virgen,
la del Castillo, la más amada.

La Mancha te quiere mostrar
al resto del mundo,
empujando tu cerro
desde el suelo
hasta la cabeza del cielo.

Rianzares se acuerda
de tus Danzantas
y baila al son
de tus colores.
Valiente se acerca a tu plaza
y canta con tus eternos leones.

En las lunas de verano
las estrellas se destapan,
y yo subido en el cerro
se acercan a mis sueños
para que pueda acariciarlas.

En lo alto de aquella loma
los campos me piden a gritos
que las contemple mientras bailan
los viñedos
suavemente con el viento.
El mismo viento
que me besa en la cara
cada madrugada.

La Mancha te quiere mostrar
al resto del mundo,
empujando tu cerro
desde el suelo
hasta la cabeza del cielo,
mientras sonrío contigo
y con tus mañanas.

Si hay un lugar
en el que recordar la infancia
que los niños más soñadores
desearon alcanzar,
ese es
el lugar de mi infancia.
Infancia de tu gente enamorada.
Un amor que me viene enorme,
un amor que me viene grande.

Eso es lo que siento por ti,
Cabezamesada.

CADA MAÑANA

Si en la mañana que hoy despereza
el corazón aún no despierta,
déjale que tranquilo duerma
mas está soñando con tenerme cerca.

En la mañana que el Sol despierta,
la Luna cansada se acuesta.
Si quieres el alma dejo ante ella,
y al llegar la noche ,
junto a la tuya duerma.

Si sientes que te me estas alejando,
y crees que no puedes hacer nada,
mira al cielo y recuerda
que el Sol tiene mi corazón,
y la Luna mi alma.

Me sentirás cada noche en mi cama.
La Luna te arropará en las madrugadas,
y el Sol te besará la frente,
cada mañana.

CANTO AL AMOR DE LA LIBERTAD

Sentir el miedo
de las estrellas al llegar el alba.

Oler la brisa de las flores
en los dos mares
que tienes en tu cara.

Desear ver las gotas
de una lluvia envidiosa
perder la vida en los cristales
de mi ventana,
simplemente,
por vernos amar a los dos.

Notar que el calor del sol en verano
se enfría al lado del calor
del corazón de nuestros amigos.

Abrazarte y abrazar con ello
a un corazón miedoso
por pensar que vive
en la más acompañante soledad.

Contarme y contar conmigo
para aprender juntos
a llorar y superar.

Meter en la alacena de mi corazón
a las virtudes y complejos
de la persona a la que,
sencillamente,
y aunque no te lo creas,
amo.

Amar, simplemente amar.
A tus virtudes, a tus defectos
a tus complejos, a tus altezas.

Comprender y aprender
de los miedos que en ti desperezan.

Minar las barreras de nuestra libertad,
de nuestro amor,
de nuestra vida en pareja.

Acabar con el temor
a vivir así un día más.

Te amo y eso me basta,
para no cansarme jamás
de luchar, luchar, de llorar.
De llorar y seguir luchando
para alcanzar y mantener
nuestro ansiado amor,
nuestra eterna libertad.

CONTADOR DE ESTRELLAS

Esta noche te he visto
tumbado sin más
en el campo.
La hierba como colchón
y soñando volar,
como las aves tardías
que le muestran su sombra
a la luna,
antes de marcharse a descansar.

Soñador despierto
que dejas volar tu vista
más allá de las nubes,
más allá del espacio estelar.

Vives la colina a la que la luna
le da forma, y que a ti,
reclinado en el suelo,
te gusta con los pies tapar.

Arrugado por fuera
Recién nacido por dentro.
Echas tu mente a volar.
oculto entre la hierba
de esa pradera de luz lunar.

Como te envidio, amigo,

que admiras lo que el mundo te da
como un padre que regala a su hijo
la belleza más pura
convertida en libertad.

Como te admiro, amigo,
fundiéndote entre los sueños
y la maleza.

Sueñas despierto
que la luna se deja dominar
mientras la tapas con el pulgar.

Soñador contador de estrellas.
La tierra te ama, lo sabes,
y tú a ella la amas aun más.
y más allá de tu final,
a esta cita con la vida,
siempre asistirás.

CORAZON DE ESPERANZA

caminas por las habitaciones de mi sangre
despertando a un alma dormida,
Eres ese motivo
que me hace despertar.

Paseas por cada rincón de mis sueños
y cada paso tuyo
es el retumbar de mi corazón viajero.

Caminante no hay camino
se hace camino al andar.
eso decía un gran conocido
y mi camino me dice te quiero
pues eres tú el sendero que quiero alcanzar.

CUATRO CARTAS

En el amanecer de un sol de despedida,
mi madre tapa mi cara
con nuestra única manta,
y que los rayos que se cuelan
por el techo de barro y cañas,
no apaguen mi inalcanzable sueño.
Para arrancarle horas a los segundos,
y alargar así
el momento de mi inevitable marcha.

Madre, tú lo has visto.
Sabes que no, en este cuerpo.
Sabes que no, bajo este techo.
No podemos seguir así,
pisando este mismo suelo.

Por mi ser es bien sabido, madre,
y mis secos llantos te demuestran,
el amor que le tengo a esta tierra
que hoy se despedaza y enferma.

Impedirte no puedo, hijo,
que con tus pies separes
mi sangre de mi alma.
Mas si bien te pido, niño mío,
me digas qué te aguarda en tu ansiada España.

Luz, madre, luz.

Para alumbrar el camino
de tu vida y de la mía.
De tu salud y de mi salud.
de esta cordura tuya,
de esta locura mía.

No castigues con esas palabras
a tu persona, vida mía
pues me consuela cada día
saber el porqué de abandonar esta casa.

Cordura la tuya, locura la tuya, madre,
de saber que has estado
luchando sobre este suelo
toda tu larga vida.
Y cada segundo que pasa
me arrepiento más de dejarte aquí perdida.

No estoy perdida, hijo mío, no estoy perdida.
El destino querrá llevarme algún día.
Muy pronto, y tú lo sabes, algún día.
Por querer que te marches no quiero,
pero quiero que vivas, hijo mío.
Y quiero creer que en esa ansiada España,
en esa España, como tú dices, tan viva.
Encuentres lo que buscas, hijo mío,
que seguro jamás yo darte podría.

Eso no es cierto, madre,
mas yo me marcho sabiendo,

que España es mi destino,
y mi vida es el inicio.
Y tú, solamente tú,
me diste la vida.

¡No habrá torre lo suficientemente grande,
ni árbol lo suficientemente espeso,
que pueda ocultar el más mínimo poro,
de esos segundos, de esos momentos,
que vivimos juntos, tan buenos,
bajo la sombra de este incierto tormento!.

Hallarás el camino. niño mío
y vendrán buenas nuevas
de las nuevas amanecidas.
Y aquí te estaré esperando, hijo mío.

Márchate ya
y lucha por tu nombre, y por el mío,
y vive la vida que aquí no has vivido.
Y aquí te estaré esperando,
para que al volver conozcas bien el camino.

Mi hijo se hace pequeño
en ese horizonte ondular.
Y con este beso me quedo,

pues en mi interior hay algo que dice
que es tarde para mí,
y que no le volveré a ver más.

Un año, siete meses y dos días.
Mandado cada semana
desde aquí, desde España,
una carta a mi pueblo natal.
Las últimas cuatro cartas sin respuesta,
sin un porqué ni reseña.
Cuatro cartas sin respuesta,
sin respuesta de mamá.

Mujer sonriente y fría,
y en sus manos cuatro cartas
empapadas por la brisa de una mar bravía.
La más vieja de un cayuco
de cuarenta almas invictas.

Ha sido interceptado un cayuco en Cádiz,
en su bahía.
Veintisiete personas vivas,

y trece fallecidas.
Entre ellas, una anciana,
con cuatro cartas y una sonrisa...

Sobre piedra escrita,
y bajo el barro y las cañas,
una nota que decía:
¡Mi hijo ha triunfado,
y mi corazón tanto me palpita,
que le voy a dar la vuelta al mundo
para compartir con él mi alegría!
y si en ello me va la vida,
moriré en paz y tranquila.

DONDE LOS SUEÑOS PUEDEN LLEGAR

Mi corazón adolecía en un llanto
que aguaba la sangre
de mis madrugadas.
Ahora no.

El sol alumbraba cada mañana
a las sombras que mis ojos
nunca pudieron iluminar.
Ahora no.

La luna ocultaba las estrellas
que nunca quise mirar.
Ahora no.

Eras tú, amiga mía,
quien compartía su dolor
con el oscuro de un abismo,
sin contar con nadie más.
ahora no.

Eres tú, amiga mía,
quien se bebería la sangre de dos mundos
por mantener la paz
de tus tres pequeños grandes retoños.

Eres tú, amiga mía,
quien, como un hijo más,
velas por mis sueños,
más allá incluso
de donde los sueños pueden llegar.

has venido y te quedas
en las cuatro habitaciones
de la casa de mi sangre,
para darme cada día,
veinte vidas más.

Copado de amistad,
compruebo que tú sola eres capaz
de levantar con tu fuerza de voluntad,
los pilares de la Tierra.

Eres mi amiga y te quiero como tal,
sin nada que cambiar
y con mucho que aportar
a mi joven moral.

Ahora sé y compruebo
que la amistad es eternidad,
por eso deseo que vivamos tu y yo
y nuestra eterna eternidad.
amiga mía por siempre jamás.

DOS LUNAS ROJAS DE LEO

Sonríes entre los juncos de Ruidera,
y traspasa su luz
a las aguas de sus lagunas compañeras.

Nadamos entre las lágrimas de sus montes
de reyes y de Montiel.

Lisonjeras entre las arboledas
nuestras palabras bailan
al son del aire en el que bailan
los matorrales que atestiguan el tiempo,
que pasamos juntos.

Despertando junto a tu ventana,
recordando nuestro paseo por la libertad,
me agarras de la cintura
sin antes decir nada,
y te acercas a mi oído
diciendo en voz baja que me amas.

Triste se pone el alba,
sabiendo que solo la mañana
será testigo de estos momentos,
en los que, con cada beso,
firmamos un amor eterno.

Triste se pone la mañana
al no poder quedarse todo el día
viviendo estas caricias por mi cuello.

Triste se pone la tarde
por llegar tarde
a nuestro baile de palabras
por la mañana.

Y triste se pone también
por llegar demasiado pronto,
y no ser la noche que cada noche
nos arropa con su azul de verano
mientras nuestras manos pasean juntas
por cada uno de nuestros rincones.

Lisonjera pues, está la madrugada
de ser testigo del morir y nacer
cada día,
del mejor día de nuestros días.

Te amo,
eso es todo cuanto escuchan de mí
decirte a ti,
las hijas horas del tiempo.

Te amo,
porque de allá viniste
que aquí me recogiste.

Te amo,
y te amará mi sueño cada mañana,
en cada respiro.
en cada buen día que me desearas.
Te amo,
como aman las raíces la suelo.
Como aman las nubes al cielo.
Como aman las estrellas a la noche.
Como ama lo eterno al tiempo.

Eres la continuación interminable
de la historia de amor,
en la que yo renacía
después de besarme
tras esperarte.

La historia de amor más grande jamás contada.
En un Lugar de la Mancha.
Ornamentado de vida y de pasión.
Renacimiento en un corazón que creía marchito,
Ornamentado de vida y pasión.
Juguete perpetuo para un niño negado a crecer.
Amor en estado puro.
Silencio en las dos lunas Rojas de Leo.

Contemplando yo tu constelación
y escuchando todo el espacio
los latidos de mi corazón.

Te quiero, te adoro, te amo
y ese es el idioma que entiendo
para no entender ningún otro,
y entiendo, no se como,
simplemente que te amo.

EL SUEÑO DE ESTE HUMILDE ESCRIBA

Te has acercado a la luz
en cada despertar.
ofreciéndote sin más
la fuerza para avanzar.

Has esquivado las tempestades
para ser tú quien vea
el sueño en los ojos
de tu hijo cada mañana.

Has escrito el mejor te quiero
con tus besos en su frente
tras cada cena juntos,
tras cada velada.

Le has enseñado al mundo
lo que un padre hace
cuando un hijo nace
tras la cima del amor alzada.

Amigo mío, amigo suyo, amigo tuyo,
es poesía pura el querer que muestras
a la sangre de tu sangre.

Mas sin envidiarte admiro
la fuerza que hay en ti,
más grande que la propia Tierra,
para que, a boca llena,
tu hijo te llame padre.

Vives, sin saberlo,
en el sueño de este humilde escriba,
de tener a alguien
así como tienes tú,
por quien entregar la vida.

Sentir puro, sin un solo resquicio,
de un padre a un hijo,
de un padre a su amigo hijo.

Que suerte tengo
de haberte conocido.
que suerte tengo de saber
que aun estoy vivo para ver
que ese sentimiento mutuo
simplemente, sigue vivo.

que suerte tengo
de ser tu amigo,
y de ver como le enseñas al mundo
lo que es capaz de hacer un padre
por el amor de su hijo.

Que suerte tengo, amigo mío
por haberte conocido.

Que suerte tengo, amigo mío,
de ser tu hijo.

EN EL CENTRO DE LA TARDE MAS BELLA

En el centro de la tarde más bella
un corazón cabalga
a lomos del molino de la vereda.

Mis ojos,
pintados en lágrimas por un pintor
llamado soledad,
esperan al nacer de la noche
para decirle al mundo
que no volverán a despertar.

En un instante de amargura
en una tierra de vino
y de vida pura,
recogiste la sal de mi mirada
y me soltaste un te amo
que hizo que la Tierra temblara.

Ese mismo sitio
en otro nacer de la noche
es testigo del paisaje mas lindo,
de un amor sin reproches.

Ese mismo sitio
donde nos besamos anoche,
nos ha abierto a los dos un camino,

el más bello jamás conocido
por la palabra de un hombre.

Un corazón cabalga junto al mío,
por los senderos de esa vereda.
Es el tuyo, amor de mi respiro,
Cabalgando juntos en una loma eterna
En el centro de la tarde más bella.

EN HONOR A LOS CAIDOS

Han caído.
seis aspas de un molino
que con viento fresco se regalaba
a los que allí calor pasaban.

De otra tierra vendrás
que en otra tierra morirás.

Seis lágrimas de luz
derraman seis lunas de amores
apagadas por el fuego de un Dios
que no les tocaba rezar a ellos.

De otra tierra vienes
que en otra tierra mueres.

Habla el orgullo de una madre
que con lágrimas limpia el honor,
el orgullo de quien de su lado se fue
para nunca volver.

De otra tierra viniste
que en otra tierra moriste.

No fue su tierra, no fue su sangre

no fue su lengua.
pero con su cuerpo se entrega
a una lucha perpetua,
a una lucha ajena.

Habla el orgullo de una madre
que con lágrimas limpia el honor,
el orgullo de quien de su lado se fue
para nunca volver.

JUNTOS, SIN ESPERAR MÁS

El cielo azul de seda
ya sin Sol,
arropa un día mas,
a esta belleza nuestra
que con la luz de la noche
se dormirá.

Tu y yo escapamos a la ley natural
y tras dormirse nuestra belleza,
comienzan las caricias,
y entre tu yo esa luz
rojiza que la noche nos da
en el calor de esta frenética paz.

Somos uno frente al fuego,
y su luz hace, si cabe,
más virtuosa tu belleza.
Y alumbra a unos ojos
en lo que nunca creí
que abarcaran tantas estrellas.

Sentados frente al fuego
somos uno y sin hablar
escucho tu corazón en mi espalda.
Mientras tus besos me dicen
que siempre por mí latirá.

Somos uno frente al fuego
y juntos sin esperar más,
echamos nuestros sueños a volar.

Tres sueños en familia volando juntos
y que alcanzadas las estrellas
juntos, juntos, juntos
volarán hasta el más allá
volarán hasta despertar.

Juntos.
Hasta el más allá.

Juntos.
Hasta despertar.

LE HACES FALTA A ESTA NOCHE

He guardado la mirada de mi corazón,
para jugar a saber qué siente por ti
Ahí fuera la noche lo oculta todo,
y deja ver tu reflejo tras de mí,
en la ventana.

Unos pasos de jazz acompañan sutiles
al paseo de mis manos por tus brazos,
por tu cintura mientras bailamos,
y poder admirar
lo que la grandeza de la vida
contigo me ha regalado.

Este es el momento
de bailar abrazados,
en este mar de rojizos colores
que el fuego nos está regalando.
Suave. Suave. Suave...

Te necesito a mi lado,
como el fuego necesita del aire
para seguir con su luz y calor,
tanto como quien admira su bello color.

Le haces falta a esta noche
para que pueda presumir ella

de ser simplemente perfecta.

En tu boca guardas el secreto
para el perfecto deber
de este hombre,
de intentar ser perfecto para ti.

Si crees en esta noche,
tan oscura y con tanta luz,
creerás en mi cuando digo
que en mi vida solo hay un amor,
y esta noche lo sabe...

Ese amor eres tú.

LEUCEMIA

Desde la luz.
recoger flores en sus sueños
y sembrar amores en el infierno,
sin saber porqué lo esta viviendo.

Camina despacio
en un cantar de colores,
y su mal adorna con sonrisas,
lisonjeras miradas y besos reales
en su amor de infancia.

conservar su alegría,
es hoy la misión de sus padres
mientras su mal se calla
y destruye su sangre.

Ya ha llegado esa tarde sombría,
en la que a golpe de aguja
desaparece del tierno la alegría.

Otro día mas, hijo mío.
Otro día de suplicio y esperanza.
Otro día sentirme culpable
de hacerte sentir tan mala inafncia.

Lisonjera será mañana
la sonrisa de tu blanca bahía,
Lisonjera será mañana,
Hasta volver la tarde sombría.

Y luchar por esa mirada.
Y luchar por esos besos, por esa carita,
por esas alas.

Pasarás una mala infancia
pero con mi amor y tu templanza
en equilibrio estará la balanza
y vivirás feliz en esta tierra y en sus estancias.

Y luchar por esa mirada.
Y luchar por esos besos, por esa carita,
por esas alas.

LOS AMANTES DE CRIPTANA

Eres, por más que lo pienso.
Sonrojas a la luna
con el fundir de tus besos.

Silencio y silbado
en los campos de La Mancha.

Mi corazón negro tornaba
en un jardín de soledad perdido.
Aquellos molinos
que para alguien fueron gigantes
me dicen que han visto a un amante
con un corazón escondido.

Amante devuelve mi corazón
a su sitio
Que sin él mis ojos
no pueden sentir
lo que quisieran sentir
viendo en ti tanta hermosura.

Amante devuelve mi corazón
a su sitio
Que él sin mis ojos
no puede ver lo que está sintiendo
mientras lo envuelve esa piel

tan bella, tan fina
y con tanta blancura.

Silencio y silbado
en los campos de La Mancha.
Un amor declarado
entre rincones de espesura
de luna blanca.

Ni Romeo y Julieta,
ni los Amantes de Teruel,
ni los amores que menos se engañan
se quieren tanto
como los amantes que aquí se narran.
Estos son, sencillamente,
Los amantes de Criptana.

MAS ALLÁ DE LA MEMORIA

Ríe y calla.
Dormita, siente y aguarda.
Se pasearán tus neuronas
por los desiertos de mis alegrías,
y yo no veré nada.

Surgirá el temor fugaz
de morir de padecer en mi propio olvido.

Fugaz como la sonrisa
que recordaré en ese instante.

Sonrisa que se viste de cortina
para tapar el llanto
que sé que empapa y riega los recuerdos
de una vida que subyace en ti
y que por mí fue creada.

Ríe y calla.
Que Dios me oferta un tributo
por mi vida a ti de dedicada.

Tributo que se convierte en fuerza,
y rompe más allá del poder de la memoria
cualquier mal que en mí habitara.
Pues mi alma es pura

y ningún mal puede mancharla.

Tengo presente
que en aquel desierto,
que mis neuronas insisten en mostrarme,
existe un oasis de futuro
forjado con mi pasado
que ríe y calla.

Y mis neuronas son sordas
pero mi alma escucha y siente
como ríes y callas.

No recuerdo quien eres
aunque a mí te pareces.

Hija mía ten presente
que mis pensamientos me mienten
pero más allá de la muerte,
el poder de tu corazón
hará siempre posible
que esta madre ya marchita,
por siempre te ame,
por siempre te recuerde.

¿Quién eres? no lo recuerdo.
pero mi alma te siente.

Hija mía, no te recuerdo,
pero mi alma te siente,

y sentirá siempre.

ME AMARÁ MI TIERRA A MI VUELTA

Ha sido un recuerdo
del corazón en el tiempo.
Una amistad unida en la distancia
que a cada paso
se alimenta más y más.

Fue un paseo por la nostalgia
de los años sembrados
en esta tierra.
Fue un cariño recolectado
junto a esa cara
de sonrisa imperecedera.

Seria la tierra que me vio nacer
y crecer en mi conciencia.
sería la mano que tiende su gente
a quien ama por ser como tal.

Hubiera sido prefecta
la melodía del viento
con el que canta mientras parto
a cruzar el ancho mar.

Puede que sea la tierra
que vea consumado mi amor.

Que tenga su mas bella sonrisa
a mi llegada al altar.

Será la tierra,
que, sin sentirse engañada,
recoja lo que deje de mí esta vida.
Vida alegre, placentera y coqueta
como nadie me ha enseñado a dar.

Me amará mi tierra a mi vuelta
y amará a quien conmigo vuelva.
me amará sin rencor por marcharme de ella.

Porque siendo yo feliz
y ensalzando imponente su estampa
esta tierra bella amada mía
con mi amor y el de mi amor
no hará más que sentirse satisfecha.

NO DESPIERTES AÚN

No despiertes aún,
es temprano y nuestra eternidad
aún no ha comenzado.

No despiertes aún,
que siga yo soñando
que la verde luz de tu mirada
no es mas que un simple sueño.

No despiertes aun,
que la escarcha de la mañana
aun no se ha marchado.

Verde es mi despertar
cuando despiertas conmigo.

Cantar parece el bisbiseo
de tu corazón,
que le canta a la mañana,
o a mis oídos acostados en tu pecho
quién sabrá.

Blanca es la luz de tu sonrisa
cada vez que me miras
después de tu soñar.

De azul el cielo mas negro torna
cada vez que tus alas
echas a volar.

Porque eres un ángel
que has inundado del mas puro aire,
cada pliegue de mi gastado corazón.

Te amo, lo sabes, te amo.
Y mis palabras se quedan cortas.
Y el idioma de mi sangre
se queda sin palabras
para contarte lo que siente.

Te amo, lo sabes, te amo,
y te amaré siempre.

NO ES AMOR

No sabes por cuanto más
mi amor en ti está encarcelado,
que por tu querer mi corazón
siente libertad
a pesar de estar encerrado.

No es indiferencia
lo que ves en las estrellas
cuando quietas nos ven saltar,
correr, caminar, amar, discutir y reconciliar.
Pues saben que entre nuestro amar
no caben estrellas, ni luces ni sombras,
ni soles ni lunas bailando con el mar.

No es amor lo que sienten mis sabanas
en mí cada vez que me arropan
en las madrugadas.

No es cariño lo que mi almohada siente
cada vez que soñamos juntos contigo.

Sentimientos que alcanzan su meta, la
eternidad.
La eternidad es muy corta,
ya que mi alma aspira a mucho más.

Si amar hasta la muerte
es alcanzar la eternidad,
entonces yo no te amo
porque el amor en mi vida
va más allá.
El amor por ti, mi vida,
no tiene principio
ni tiene final.

NO ME ABANDONES

Rondaré la escarcha de tu pelo
como el llanto de la brisa
ronda por los pliegues de las hojas
de las lisonjeras gardenias
en una tarde de verano.

Apagaré de tu alma
el fuego que a fuego se ha grabado
llevando entre sus llamas
tu nombre entre sus brazos tatuado.

Corregiré el rumbo del barco que te lleva
como quien corrige la voluntad del viento
navegando en alta mar.

Soportaré los golpes de la piedras
que vayan a parar a mi tejado,
cual cañizo que soporta
el granizo llanto amargo del invierno
al no estar junto a él la primavera.

Aguantaré vientos y mareas.
Ramas y hojas secas.
Pero no me abandones, como abandonan el
ocaso a la mañana.
Como abandona la luna al alba.

No me abandones, mujer,
que por querer quiero que quieras
que se tiña del color de mi corazón tu sangre,
y que enciendas el frío de mi alma
que en tu boca arde.

No me abandones,
que las alondras lloran
cuando mis manos se encuentran solas,
sudando y conocedoras de tu semblante.

No me abandones, mujer,
cuando despierte la corta vida del alba.
Mas si me abandonas moriré
antes de que muera esta madrugada.

No me abandones, mujer.
Que por tu amor dejé mi vida entregada,
y si te marchas quedaré desnudo y sin nada.

Abandonado quedo.
Y una página en blanco dedicada
a un libro de amor inacabable,
que hoy das por terminada.

PASADO Y SOMBRA DE UNA LUZ INMENSA

He sido la sombra de una luz
que pocos podían ver.

he sido la alegría de una llanto
que nadie quería entender.

He sido, queriendo ser,
la gracia de la calle.

He sido, sabiendo ser,
un voluntario enfermo.

Un hombre sin complejos
y con llanto.

Llegaste a mí, amor,
en el peor de los estadios,
a jugar un partido
que la muerte ya había ganado.

A cuatro meses
del final de mi vida,
quisiste luchar,
para ganar la partida.

A cuatro meses
del final de mis días,
me regalabas cada día
cuatro vidas más de vida.

Sin saber del ser de Dios,
ni de lo que ha obrado,
cuatro meses y varios años
han pasado.
Y pensar aún no puedo
que haya sido un milagro.

Es amor, simplemente amor,
del tuyo inundado,
que hace fuerte a este hombre agraciado
y que el reloj de la muerte,
simplemente ha parado.

Puede que la muerte se enfade,
y tarde o temprano se vengará.
Mas mientras llega,
con cada latido tuyo,
multiplica por cuatro mi eternidad.

A cuatro meses de la muerte
no dudaste en luchar.
Y pasado ese tiempo,

cada día nuevo contigo
estoy más convencido
que en la carrera de la muerte,
en todos los hombres y mujeres que ya no están
con el amor que recibieron,
siempre ganó su eternidad.
Porque la muerte siempre llega,
pero la eternidad nunca se va.

PIEL SOMBRIA, CORAZON BLANCO

Piel sombría, corazón blanco
de raza fuerte y de amor engendrado
de alma pura encantada
y a una vida por conquistar aferrada.

Despechado sentimiento
que te hace reír cuando te mienten.

No comprendo el porqué del rechazo
de la labor de tus manos que sienten
dolor y fuerza por los años forjados.

Sigue rezando, madre
mas del palacio de cartón
que Dios nos ha dado
quiero salir fuerte
y volver honrado.

Salir fuerte, madre,
seguir luchando, como buen gitano,
y que la vida te dé el reposo
que, como madre, te tienes ganado.

Sigue rezando, madre,

pedirle al Señor sentirte orgullosa
del hijo que en esta tierra ha dejado
y mis hermanos acompañarte desde el cielo
con su llanto,
sus plegarias y sus cantos.
Acabar pronto con la hambruna
y nuestra agonía,
y esperar ansiosos nuestra alegría.

Sigue rezando que te juro,
por el hambre que estamos pasando,
que pronto verá tu alma
la recompensa de tu orgullo en vida,
y con tu hijo feliz
poder, por fin, morir tranquila.

PROFETA SIN FE

En el nombre del Padre,
y así cada día.
Sermones de verdad
que, simplemente,
no te crees.

Y apagar las luces.
Y un día más
cargando de fe
para lograr, sin éxito,
predicar con el ejemplo.

Deseos de volar, aprender,
comprender, desconocerse.

Deseos de saber querer.
De, simplemente, tener fe.

Tras la sotana regresas a la Tierra,
mas conservas los recuerdos limpios
de un mundo perfecto,
sin ver lo que ves
cuando regresas.

Veintiocho años de ojos que han visto
lo que Dios no quiere ver,
y cada día, ya sin fe,
acompañas a los tuyos
junto a Él.

Seis años creyendo poder cambiar
a quienes no pueden cambiar.

Seis años creyendo poder quitar
el egoísmo a los egoístas.

Y todo esto en el nombre de un Padre,
de un hijo y de un espíritu santo,
que a tu llamada a misa
nunca acudirán.

¿Por qué lo haces?
¿Porque haces creer a otros en algo,
en lo que nunca creerás?

Ya has abierto los ojos,
y has visto que en este mundo
nada con la palabra puedes cambiar.

Injustas son las guerras, el hambre,
la pobreza, las enfermedades, la Ira
y otros seis pecados más.
Y ¿crees que alguien vendrá a limpiarnos
desde el más allá?

Bastante tenemos ya
con dar gracias a Dios
porque nuestros hermanos
nos dejen estar vivos
un día más.

RIO MUNDO

Ya ha llegado abajo.
El agua cae cual luciérnagas muertas
Por el brillo de un sol tapado
Por las hojas de los soldados árboles,
Por las cumbres de aquel abrazo,
De aquella montaña llorosa.
Llorosa de lagrimas de luciérnagas muertas
Que se vuelven agua
Al llegar a las calderetas.

Los puentes de madera se levantan los faldones
Al ver las aguas llegar y pasar.
Y juegan con las piedras que bailan
Con el nacimiento del mundo.

No veo el final de ese camino
En lo que mi vista puede alcanzar,
Pero el comienzo del nacimiento mas hermoso
Es el que mis ojos ven ahora
Y que mi recuerdo jamás olvidará.

SIGUE AMANDO

Mírate, sonríes
hasta con el simple paso
de un grato recuerdo.

Mírale, te ama
y se lo adivino
con la leve y perenne sonrisa,
que aumenta
hasta mojarse las orejas,
con solo escuchar tu nombre.

Está loco por ti, compañera,
y en su leve sonrisa
se lo adivino.

No quieras negar un amor
tan fuerte y arraigado.
Como el placer de la vida
que junto a él has pasado.
como el aire que por él
has respirado.

De sobra sabes
que no pides ni puede bajarte la luna
pero una palabra tuya bastaría
para llevarte a ella.
y con un beso tuyo

él sentirá que lo único que hay bajo sus pies
son las estrellas.

Sigue amando, compañera,
para que esa leve sonrisa
que dibuja tu amado,
se mantenga más allá del fin de los días.

sigue amando compañera
para que esa sonrisa sea, sencillamente.
una sonrisa eterna.

Sigue amando, Noelia.
Sigue amando compañera.

SILUETA DE UN HOMBRE SABIO

Esta noche he visto a unas gaviotas volando.
las he visto bailar con la tierra, el mar,
la luna y su manto.

Esta noche he escuchado voces cantar
entre las velas de aquel barco.
Silueta de un hombre sabio.

He conocido el color del amor
y del espanto,
que en mitad de la noche
gritaban suplicando
ser callados.

He tocado la espalda de un hombre sabio
que llora desconsolado
pidiendo que se alejen para siempre
los silbidos de las velas
de aquel barco.

¡Amanda, vuelve conmigo!
Por favor vuelve de aquel barco hundido
si no quieres que me vaya contigo.

Silueta de un hombre sabio
en lo alto del acantilado.

Cantando canciones de amor
que se impregnan para siempre
en la pared de aquel peñasco.

Canciones de amor que ya han llegado
a lo mas hondo del mar y mi corazón.

Ya se han callado los cantos
entre las velas de aquel oscuro barco.

Gaviotas bailando con la tierra, el mar,
la luna y su manto.

Silueta de un hombre sabio
bajo las velas de aquel naufragado.
A una mujer abrazado.
Y como cada noche
tras cesar el silbido
desaparecen navegando
hacia la luna
el barco, Amanda
y el hombre sabio.

Son sonidos de amor los cantos
con los que he despertado.
El mar con sus buenos días.

Y Amanda cantándome al oído
mientras abro mis ojos

en su regazo.

Amanda te amo.
No quiero que vayas sola
a la llamada de ningún barco
que aun estamos en una tierra llamada Vida
Y nuestro barco hacia la muerte
aun no ha zarpado.

SOLO HA SIDO UN SUEÑO

A los arrumacos de los paisajes muertos
se les ha acabado el tiempo.
Y en la loma de aquel viento,
la mente de un niño sin remordimientos.

Aroma de lilas frescas
en el jardín de un jardín
de ternura blanca
sobre una tierra negra.

Son recuerdos, solo eso
recuerdos.

Besar la nieve a las ventanas
como si quisieran entrar.
Curiosas del tiempo que nunca se van
mas si marchitan en verano,
en las habitaciones de mi sangre
aún ese frío está.

Es navidad, y las nieves de mi recuerdo
retuercen su gesto para poder entrar.

En familia cierro los ojos en la mesa,
y los abro en un mar lleno de gente
que me ha amado, que me ama

y siempre me amará.

Abriendo los ojos en la mesa
esa gente no está.
Mas en su sitio quedan
lisonjeras miradas de un futuro
como el que siempre quise alcanzar.

Mente joven de cuerpo viejo,
acostado tras la cena,
en navidad,
sueña, en la loma de aquel viento,
la mente de un niño
sin remordimientos.

Una lluvia fina le lava la cara al patio
que he visto envejecer cada día
por mi ventana.
Y al otro lado un niño,
que quiso ser y fue un día,
nieto, hijo, padre, abuelo.
Y ver cruzar al futuro en el tiempo.
Y, cada navidad,
y cada día de nieve,
y cada día de bondad
y sin grandes lujos,
tener el lujo de abrazar
a quien siempre me ha amado
a quien siempre me ama
y a quien, sin estar yo,

cada navidad,
como cada navidad,
siempre me amará.

Lo de antes eran recuerdos,
y esto... esto es solo un sueño.
Solo eso, un sueño.
Y hasta que llegue ese día,
y viviendo, con mi familia, cada navidad.
Y hasta que llegue ese día,
solo ha sido un sueño.
Y solo un sueño será...

SOMOS HERMANOS

Ha sido siempre cristalina,
como el espejo de un lago
aún sin maltratar,
la mirada de mi alma
a la tuya,
con mi misma sangre alimentada.

El tesón de un ojo verde
a los que amo como hermana mía.
Llevando el don de la risa en tus venas,
y llenando las mías
en cada que nos juntamos,
de la más limpia alegría.

El saber de un ojo marrón,
y lleno de vida,
como la tierra manchega que pisas.

Cinco años hace
que tenía tu edad,
y veo en tus hazañas
las mías.

Cinco años hace
que tenía tus ojos,
y ven ahora lo que yo
entonces veía.

No veas en mi tu futuro,
hermana mía,
que, sin ser el mío menos,
el tuyo es puro.
El tuyo es limpio.
Y, hermana mía,
aunque somos hermanos,
somos distintos.

Mas solo te pido
que coincidas conmigo en algo,
no mires a los que más tienen
y más han conseguido.
Mira a los que ni siquiera
pueden soñar con un futuro,
como el pasado que has vivido.

Ama y serás amada,
hermana mía.

Y recuerda no ver en mí
el futuro que la vida te ha prometido,
ya que, aunque seamos hermanos,
también somos distintos.

TU AMISTAD

Te fuiste, sin decir nada,
y he vuelto a ver tu sonrisa,
en mis sueños, recuerdos
pensamientos y memorias.

Como una hermana
que mantenía viva la sangre
del concepto de la amistad.

Reímos juntos en los momentos
de sombra.
Lloramos juntos en los momentos
de gran emoción.

Has partido en dos un alma
que mantenías intacta.
la hiciste jirones y te fuiste
sin decir nada.

No hacen falta fotografías
de los mejores momentos de mi vida.

No quiero llorar más, y si así fuera
no bastarían los siete mares
para mojar al corazón más grande
que había sobre la Tierra.

No quiero llorar más
y dejar paso al pensamiento
de que tu paz
alimenta mi convicción
de que te has ido,
para siempre te has ido,
pero aquí todavía estás.

Y ese pensamiento consuela
el sentir de cada mañana
de sentirme un día más,
huérfano de tu amistad.

Tienes el poder de cambiarlo todo
más allá de las fronteras de la carne
que encerraba tu libertad.

Tienes el poder de hacerme reír
y de hacerme llorar
solo con hacerme recordar.

Amiga mía, te fuiste de este mundo
mas sé que a mi lado siempre estarás.

Amiga mía será por siempre
este vagabundo tuyo
al que llamo corazón,
al que siempre amaste,
y siempre amarás,
más allá de nuestra amistad.

Disfruta desde ahora de tu eterna libertad.
Como amiga has cumplido,
Mas no hay nadie
que en mi vida te supere.

Amiga mía, vete tranquila
y cuida, desde donde estés,
a tu familia.

Amiga mía,
que contigo, por siempre,
me quede.

Amiga mía, vete tranquila.
Amiga mía... hasta siempre.

UN PATIO A VECES CALLADO

La hojarasca pasea por la puerta
escuchando la música
que no sonará.

Remolino de ilusiones
de unos seres
que allí no debieran estar.

Enredaderas
que entorpecen la vista
de la grandiosidad de un día
que nunca volverá.

Y dentro de él,
el silencio que nunca debió sonar.

Y sus luces ranurosas
que tapan mi pulgar,
son luces que nunca debieron entrar.

Un patio a veces callado,
como ahora,
que a veces rompía a cantar.

Como esperando otra oportunidad
firmes asientos listos
que solo acomodan al polvo

que nunca debió entrar.

El escenario que aun me hace
levantar la mirada,
no hace crujir sus tablas
sino el bisbiseo de un viento
que nunca debió soplar.

Un telón que sigue abierto
Pidiendo a gritos en el silencio
que alguien vuelva a actuar.

ese alguien
que nunca debió marchar.

Postrado yo en el centro
de un glorioso y muerto escenario.
Dejando ver de la firme formación de butacas
Un pasillo central,
como queriendo dejar paso
a los puntos de luz
que escapan de la puerta del fondo,
y que mueren en el suelo
como estrellas que se ahogan en el mar.

unas estrellas como las del techo roto
que nunca debieron estar.

Un teatro ahogado en su propio polvo,
sin saber qué esperar.
Sin saber si reír o llorar.

si arruinarse o volverse a levantar.

Alzo la vista al frente
y comienzo a caminar.

Descubro en el reflejo de los charcos
unas lágrimas
que nunca debieron brotar.

Has dejado mi corazón en ruinas.
se han llenado de polvo
las butacas de mi sangre
que aplaudía al verte cantar.

sangre que nunca debió marchar.

Has dejado mi corazón en ruinas.
Ya no queda ni el bisbiseo del viento
en el escenario de mi bondad.

Escenario que nunca debió dejar de cantar.

Has dejado mi corazón en ruinas
y solo queda la puerta
que refleja la luz en el patio.

Luz que no deberías apagar.
luz de esperanza de sentir de nuevo
el tamboreo del teatro de mi corazón.

Y acabar dentro de él
con el silencio que nunca debió sonar.

UN REQUIEM POR CADA NOCHE

Te he visto vagando
por el cielo de la noche,
tratando de tapar los perdigonzazos
que las estrellas dibujan
en el manto de ese cielo
que se viste con el mismo color
que el mar cuando descansa.

Una herida de bala se abre
en cada suspiro delirante
de las noches de luna llena.
Y se vuelve a cerrar lentamente
hasta llegar la noche
de luna nueva.

Un amor perdido
por culpa de aquellas noches calladas
en las que nunca decían nada
cuando les preguntaba.

¿Por qué remiendas aquellas madrugadas,
si desde hace tiempo tu vida conmigo esta
acabada?

Puede que algo en tu interior te hable,
te susurre, te cante, como el ruiseñor
que le canta a una mañana
en la que sabemos a qué hora
su vida estará acabada.

Puede que tu crápula conciencia
te hable, te explique, te cuente,
lo que mi corazón siente,
cada vez que en esas malditas noches presiente
que tu alma llora por la culpa que me pesa
y que cada vez se hace más fuerte.

Propongo un Réquiem
por cada uno de los cielos
con las heridas abiertas,
las noches de luna llena,
pues tras esa agonía,
nacerá una mañana,
hija de una noche muerta.

VENGANZA DE UNA MUERTE INDIGNA

Se ha echado el Sol,
y las lomas del alba
ya duermen portando ese dolor.

Azules y blancos.
los colores de una noche de muerte sin corazón.

Llanto, dolor, pena, rabia.

De dramaturgos historia,
la mas pesante de mi corazón.

Está muerta y por ese río partió
sin dejarle decir adiós.

El puente llora catorce primaveras,
antaño lisonjeras,
de color y vida llenas.

En mi casa estuvo
quien te arrancó de mis manos,
y por su culpa mi alma,
partida en dos, esta llorando
ante este río calmado.

¡Juro por los huesos
de mi niña muerta!

¡Juro por la sangre de mi esposa
ahora disuelta en guerra!

¡Juro que el día que te encuentre
nada podrán hacer
todos los hombres de este planeta
para que mi llanto le de un mal golpe
a tu sucia cara,
y sacarte de esta maldita Tierra!

Y SOLO TE BASTA UN BESO

Un beso te basta
para echar a volar a los campos de oro
que envuelven risueños
a los cuartos de tu corazón.

La esperanza en su plenitud,
habita en tus ojos sin miedo a quedarse
el resto de las primaveras
que te quedan por vivir.

Mientras sales al despertar,
la luna se esconde envidiosa
entre las lomas de tu tierra,
esperando que no sonrías tanto
y no ensombrecer su belleza.

El Sol al que alumbras
te muestra el camino
de tu puerta a la mía,
paseando entre los deseos
de alguien que te ama
y que han hecho con tu cariño,
para ti,
el palacio de su humilde destino.

Te quiero, solo sabiendo eso,
y tratando de ser para ti,
sencillamente,
el amor perfecto,
te lo entrego todo,
y solo te basta un beso.

Y TÚ DIJISTE QUE EL SOL

Y tú dijiste que el Sol
no nos iba a acariciar
a través de la ventana.

Buenos días amor.
Esta mañana se baña tu belleza
entre las sombras de nuestras sábanas.

Has enamorado a este Sol
que nos ha despertado,
y me pongo felizmente celoso
cuando pinta de oro
la sencilla blancura de tu piel descansada.

Buenos días amor.
Despertar junto a ti,
para darte las gracias
por evadirme del frío de la noche,
es uno de los regalos más grandes
que la vida me otorga
desde que me amaste.

Mis dedos perdiéndose
entre tu pelo,
y la almohada recordándome
cada día el aroma de tu piel de terciopelo.

Buenos días mi amor,
aunque ya no respondas.
Aun te recuerdo mientras el Sol
envidioso enamorado,
pinta de tu color
las sombras de mis sabanas.

Buenos días mi amor,
es lo que pienso todavía
al acariciar mis sabanas frías.

Saboreo el color de tus palabras
mientras declaras cuánto me amas.

Me sentía solo antes de acostarme.
Mas le has dado valor a mi noche.

Viviré este amor cada noche
como si fuera un hermoso sueño.
Hermoso y placentero sueño.

Buenos días amor.
Despertar junto a ti,
para darte las gracias
por evadirme del frío de la noche,
es uno de los regalos más grandes
que la vida me otorga
desde que me amaste.

Viviré este cuento como si fuera un sueño
Un hermoso y placentero sueño.

Mis dedos perdiéndose
entre tu pelo,
y la almohada recordándome
cada día el aroma de tu piel de terciopelo.

viviré este sueño
como si fuera un sueño.
El sueño de un hermoso recuerdo.

Viviré este hermoso sueño,
y soñaré.
Y cuando el Sol triste quiera,
simplemente despertaré.

Viviré este hermoso sueño,
y soñaré.
Y cuando el Sol quiera,
despertaré.

Simplemente,
despertaré.

Y UN PIANO CANTANDO ALGO DE JAZZ

Eres de las noches
un paseo más.
fundido entre las sombras
del pensar de la gente.

Ignorado entre los gatos
mas importante para el mundo.
Noctámbulo cazador de sueños
sinónimos de ti,
solitarios y sin dueño.

Un alma feliz con la luz
de la noche naranja de la ciudad.
paseante silbido
de un suave Jazz.

Corazón aventurero
sin ganas ni motivos para conquistar.
Soñador y bohemio espejo
de la indiferencia de la vida
de los demás.

Una canción dulce
desde la puerta de un viejo bar.

Velas de fondo
y un piano bailando con los dedos
del dueño de esa melodía.
Melodía tranquila y ejemplar.

Dos copas sobre el piano.
Dos amigos compartiendo
el son del bajo al cantar.

Dos amigos
en la salud y en la enfermedad
a quienes no les importa
si estando juntos
el mundo no vuelve a girar.

Dos viejos soñadores
que no dan la espalda al mundo,
mas saben aprovechar la tregua
que la vida les da.

Dos viejos soñadores
que han visto en su amistad
un sueño hecho verdad,
y por ellos el mundo
puede dejar de girar.

Dos almas gemelas
con toda una vida compartida,
y solo les bastan dos copas,
su amistad

y un piano cantando algo de Jazz.

Dos amigos
en la salud y en la enfermedad
a quienes no les importa
si estando juntos
el mundo no vuelve a girar.

YA QUISIERA

La Luna te ama también.
La Luna te ama igual,
mas ella puede darte más.

Campos llenos de hierba alta,
dibujando y dando forma
al resoplar de las nubes
que anhelan mojar nuestra soledad.

Curar de espanto debería mi alma,
dice la Tierra mientras advierte
de su intención de alianza
con la quinquenal cara blanca,
y su afán de conquistar
mis dominios en tu corazón.

Pero estoy tranquilo.
Ya podrá la Luna ponerse llena
y atraer los mares y tu atención,
como atraen a la muerte las ballestas.

Ya podrá el viento de la Tierra
acariciar y bailar al compás de tu pelo,
que por mucho que bailen las hierbas altas,
mejor bailará nuestro amor eterno.

Ya podrán los mosquitos arrebatarnos
de nuestra sangre tu fruto mas preciado,
que mientras estemos juntos
nos puede sobrar hasta el aire que respiramos.
Ya quisiera el viento.

Ya quisiera la Luna.
Ya quisiera la tierra que pisamos,
decirte por siempre,
así como yo,
te amo, te amo, te amo.

YA TENGO UN MOTIVO

Ya tengo un motivo,
viviendo en las caricias de tus palabras,
Suavizando con la seda de tus labios,
otorgando con esos ojos
por el mar pintados.

Ya tengo un motivo.
Las lomas de La Mancha
cubren a un Sol sonrojado
ante tanta belleza en ti
que le hace sentirse inferior
y por ello avergonzado.

Ya tengo un motivo.
Dormir en tus brazos guardado
y, como decía el gran honrado,
Las habitaciones de mi sangre,
con tu amor las has rebosado.

Ya tengo un motivo.
tu nombre concebido
con amor por el bautista
y por el padre del hombre más grande
que el hombre ha visto.

Ya tengo un motivo,
para dejar de seguir soñando.
Mas mis ilusiones en ti han encarnado.

Ya tengo un motivo,
porqué nací aquel veintitrés
del frío primero del año.

Ya tengo un motivo.
Tanta vida para aprender a quererte
sin tenerte.

Aposté vivir más que la eternidad
sin fuerzas para ganar,
pero con el amor que te tengo,
y mi humildad como objetivo,

puedo gritarle al viento
el porqué de mi estancia
en la Tierra tanto tiempo.

Ya sé la respuesta amado mío.
Es por tanto querer concebido.
Ya sé la respuesta amado mío.
Simplemente a tu lado.
Ya tengo un motivo.

simplemente por amarte,
Ya tengo un motivo.

www.ingramcontent.com/pod-product-compliance
Ingram Content Group UK Ltd.
Pitfield, Milton Keynes, MK11 3LW, UK
UKHW020202200726
13856UKWH00003B/1137